Opowieści pana Rożka

Małgorzata Gutowska-Adamczyk

Opowieści pana Rożka

ilustrowała
Wanda Orlińska

Nasza Księgarnia

Czy znacie pana Rożka? Nie? To chyba niemożliwe. Albo po prostu jeszcze nigdy tu nie zbłądziliście? Powiem wam, jak trafić.

Nasze osiedle leży na skraju miasta, pod samym lasem. Musicie przeje-
chać przez największy most i podążać dalej, wciąż prosto i prosto. Możecie
minąć wiadukt albo wysiąść i popatrzeć z góry na przejeżdżające pociągi.
Po jego drugiej stronie, tuż za torami kolejowymi, zaczyna się osiedle.

Poznacie je od razu.

Domy w mieście są tak ogromne, że słońce bawi się za nimi w chowane-
go, a na osiedlu to drzewa sięgają najwyżej. Miasto jest szare, osiedle zaś
zielone. W mieście łatwo się zgubić, osiedle to tylko kilkanaście wąskich
uliczek. Tam jest głośno, bo samochody, autobusy i tramwaje terkocą i trą-
bią. Tu słychać śpiew ptaków, aut zobaczycie niewiele. Prawie wszystkie
spieszą się rano do pracy w mieście, a wracają dopiero wieczorem bardzo
zmęczone i senne. Dlatego na osiedlu możecie spacerować nawet po jezd-
ni. Oczywiście jeśli zachowacie ostrożność.

Z pewnością zauważycie, że samochody nie robią u nas takiego zamieszania jak w mieście. Jadą cicho, wolno, jakby nie chciały opuścić wąskich

zielonych uliczek, lubiły rozglądać się na boki i oczekiwały, że ktoś je zatrzyma.

Jeśli wpadniecie tu kiedyś, wybierzcie się na spacer. Gdy dotrzecie do placyku zabaw, być może usłyszycie coś niespotykanego w mieście – radosną melodię, która popłynie ulicą:

– Ta, ta, ta, ta, ta, ta, ta...

Tuż za nią, nieco ospale, będzie wolno sunąć żółta furgonetka z wymalowanym na budce ogromnym lodowym rożkiem.

Któż z was nie westchnie wtedy cicho:

– O, gdyby lody mogły być tak duże! Jadłoby się je i jadło aż do samej kolacji!

Nim zdążycie policzyć do trzech, samochód się zatrzyma, a uśmiechnięty kierowca w żółtym fartuchu spojrzy pytająco. Nie zastanawiajcie się wtedy, czy macie ochotę na bananowe, czekoladowe, śmietankowe czy kiwi. Bez względu na to, jakie lubicie najbardziej, musicie koniecznie powiedzieć:

– Poproszę o smaku baśni!

Jeśli o tym zapomnicie, dostaniecie zwyczajnego rożka: słodkiego lub kwaskowego, posypanego orzechami albo polanego czekoladą, a sprzedawca, wydając wam resztę, powie po prostu: „Smacznego!".

Jeśli jednak poprosicie o lody o smaku baśni, nim się spostrzeżecie, sprzedawca przestanie być zwyczajnym lodziarzem. Na jego głowie pojawi się nagle czarny cylinder, na ramionach peleryna, a w oczach rozbłysną gwiazdy. Bo pan Rożek najbardziej na świecie lubi sprzedawać baśnie.

Wycieczka pierwsza

Prawdopodobnie była to jakaś wiosenna sobota. Maciek lubił soboty, bo jeśli tylko pogoda dopisywała, chodził z tatą na boisko. Miał co prawda dopiero pięć lat, ale już świetnie strzelał gole i tacie rzadko kiedy udawało się obronić karnego. Napawało to Maćka dumą.

Dlatego teraz tak się śpieszył, przełykał po dwa kęsy naraz. Chciał jak najszybciej pobiec do sypialni i przypomnieć tacie, że świeci słońce, jest sobota i nic nie stoi na przeszkodzie, aby zaraz pójść do parku na ich ulubioną łączkę.

Zdziwił się bardzo, kiedy zobaczył, że tata właśnie kończy się golić!

– Co tam, smyku? – powiedział radośnie.

– Pakować nasze rzeczy? – zapytał Maciek.

Tata jednak pokręcił głową.

– Nie, jedziemy dziś razem z mamą na wycieczkę za miasto!

Maciek kochał mamę, ale sobotnie ranki najbardziej lubił spędzać sam na sam z tatą. Dlatego nie potrafił ukryć rozczarowania.

– Ejże! – Tata od razu odgadł powód smutku syna. – Zobaczysz, będzie przyjemnie! Spędzimy ze sobą trochę czasu i… Nie obiecuję, ale, kto wie, może przeżyjemy jakąś przygodę?

– Jaką? – zapytał naburmuszony Maciek. Uwielbiał przygody, jednak zupełnie nie kojarzyły mu się z obecnością mamy.

– Nie wiem, niczego nie obiecuję. Wszystko sprawdzimy razem, zgoda?

Maciek nie zdążył zapytać, co znaczy owo wszystko, bo do łazienki weszła mama.

– Gotowi?

Ona jak zwykle była już gotowa.

– Dokąd właściwie jedziemy? – chciał wiedzieć Maciek, ale mama tylko spojrzała na tatę, a on lekko pokręcił głową.

– Jedziemy obejrzeć osiedle – wyjaśnił, jakby to miało być coś niezwykle ekscytującego.

Rozczarowany Maciek westchnął.

„Dobrze przynajmniej, że nie na zakupy!" – pomyślał, ponieważ zakupów nie cierpiał nawet bardziej niż szpinaku.

Kiedy szli na parking, starał się zapomnieć o rozczarowaniu. Miał nadzieję, że tata mu je zrekompensuje jakimś popołudniowym spacerem lub meczem.

Podróż trwała dość długo. Minęli rzekę i domy zaczęły robić się coraz niższe, jakby miasto rosło tylko w centrum. Potem Maciek zauważył wiadukt. Jeden pociąg zagłębił się w jego wnętrzu, a drugi się z niego wysunął. Kiedy zjechali z wiaduktu, tata skręcił w pierwszą wąską uliczkę i zawołał radośnie:

– Jesteśmy na miejscu!

Wysiedli.

„Dziwnie tu – pomyślał Maciek. – Takie niskie domy… I puste ulice".

– Podoba ci się? – zapytał tata, a Maciek tylko przez grzeczność nie zaprzeczył.

Co miało mu się tu podobać? Mama za to zachwycała się wszystkim.

– Słyszycie? Ptaki śpiewają! Czujecie zapach lasu? Zobaczcie, tam, w ogródku, kwitną tulipany!

– Po co tu przyjechaliśmy? – wyjęczał Maciek.

– Spójrz, synku, widzisz to miejsce? – zapytał tata jakoś tak poważnie.

Maciek popatrzył we wskazanym kierunku, ale niczego szczególnego nie zauważył. Trochę trawy, jakieś drzewo, parę krzaków. Podniósł wzrok na tatę, który jednym ramieniem przyciągnął go do siebie, a drugą ręką obejmował mamę.

– Chcemy tu wybudować dom – powiedział uroczyście.

Maciek nie zrozumiał.

– Przecież mamy dom! W mieście. Nie chcę mieszkać na wsi! – krzyknął rozpaczliwie. – Tam mam kolegów i boisko, i mój pokój! – Wyślizgnął się z objęć taty i skrzyżował ręce na piersi. Odwrócił się od miejsca, na które rodzice wciąż patrzyli prawie z czułością.

Niemal w tej samej chwili usłyszeli jakiś dziwny dźwięk:

„Tra, ta, ta, ta, ta, ta, ta…".

„Ktoś gra na trąbce?" – pomyślał Maciek.

Dźwięk znów zabrzmiał, ale chłopiec wciąż nie wiedział, jakie jest źródło melodii. I chociaż zaraz potem spostrzegł żółtą furgonetkę z ogromnym wymalowanym lodowym rożkiem, nie chciało mu się wierzyć, że właśnie z niej dobiega ta muzyka.

Rodzice również zauważyli samochód, który zatrzymał się nieopodal, i wysokiego, tęgiego pana w żółtym fartuchu.

– Dzień dobry! – Uśmiechnął się na powitanie. – Jestem pan Rożek, może macie ochotę na lody?

Podobnej propozycji nie trzeba było Maćkowi dwa razy powtarzać. Spojrzał błagalnie na mamę, a ona pokiwała głową. Podeszła do auta. Pan Rożek właśnie otwierał drzwiczki do chłodni, na których wymalowano lody we wszystkich smakach, jakie tylko moglibyście sobie wymarzyć.

– Coś się stało, kawalerze? – zagadnął Maćka pan Rożek. – Widzę, że nie masz humoru.

Maciek milczał. Pan Rożek dobrze odgadł jego nastrój, a on nie chciał kłamać.

– Proszę, oto twój lód. Ma smak baśni, jedyny, jaki może pokonać zły nastrój. – Sprzedawca podał mu kolorowe opakowanie,

Maciek nigdy jeszcze nie próbował niczego o takim smaku. Odwinął powoli papierek, ale nim zdążył dotknąć łakocia językiem, mężczyzna zamknął drzwiczki i patrząc gdzieś w dal, powiedział:

– W twoim lodzie jest zamrożona baśń o Piotrusiu. Chcesz posłuchać?

Piotruś i Pragnienie

Piotruś mieszkał przy ulicy Willowej, w dużym domu o jasnych ścianach i dachu błyskającym wesołymi powyginanymi dachówkami. Dookoła rozciągał się starannie wypielęgnowany ogród, gdzie trawa zawsze była pięknie przystrzyżona, a na starannie zagrabionych klombach nie wyrastał żaden chwast.

Piotruś miał wszystko, co chłopcu w jego wieku jest potrzebne. Kochający rodzice niczego mu nie zabraniali i w mig spełniali najskrytsze marzenia synka. Starsze rodzeństwo otaczało go opieką i sprawiało, że nigdy nie czuł się samotny ani bezsilny, zaś liczne ciotki i wujkowie zawsze z chęcią służyli mu radą, pomocą i uwagą.

Był ich małym księciem.

Zawsze znajdywał kogoś, kto bawił się z nim w berka, czytał mu bajkę, huśtał go na huśtawce czy spełniał jakąś prośbę, wypowiadaną zazwyczaj w formie rozkazu. Bo chociaż Piotruś rzadko używał słowa „proszę", a prawie zawsze „chcę", zwykle otrzymywał to, na czym mu zależało. Szybko zrozumiał, że wystarczy tylko się skrzywić, chwilę poudawać płacz lub mocniej tupnąć nogą, aby, jak za dotknięciem czarodziejskiej różdżki, zmienić „nie" w „tak". Serce chłopca było wolne od trosk i tak lekkie, że on sam niemal nic nie ważył. Gdy wychodził na dwór, mama wkładała mu do każdej kieszeni po kamyku, aby wiatr nie poderwał go do nieba i nie uniósł hen, daleko od domu i kochającej rodziny.

Kiedy Piotruś skończył sześć lat, dostał od rodziców piękny plecak, mnóstwo zeszytów, książek oraz innych drobiazgów, które odróżniają dziecko od osoby dorosłej, czyli ucznia zerówki. Gdy pobawił się już swoimi prezentami, pozwolił mamie zapakować wszystko z powrotem do tornistra. Ponieważ wieczór był tak bogaty we wrażenia, chłopiec nie zwrócił uwagi na szczególne zdanie wypowiadane z powagą przez dorosłych: „Niedługo pójdziesz do szkoły".

Wyobrażał sobie, że szkoła jest jak kino, cyrk czy wesołe miasteczko. Nie zaprotestował więc, gdy mama pewnego słonecznego dnia w końcu lata ubrała go w odświętny strój i zaprowadziła do budynku, gdzie nie był już wyjątkowym małym księciem, bo po długich korytarzach biegali sami królewicze i królewny. Brakowało tylko dorosłych, którzy mogliby spełniać ich kaprysy.

Rodzice pomachali swym pociechom na pożegnanie i sobie poszli. Dzieci zaś, w tym Piotruś, zostały zagonione do klasy i posadzone w ławkach. Prawie wszyscy się uśmiechali, czego Piotruś nie potrafił zrozumieć. Zaczął się kręcić, zerkał w kierunku wyjścia, miał bowiem dość marnowa-

nia czasu i czekania, aż ktoś się nim wreszcie zajmie. W dodatku siedząca obok niego dziewczynka raz po raz coś mu zabierała! To było nie do zniesienia! Spakował więc tornister i nie tłumacząc nic Pani od Liter, ruszył ku drzwiom. Pani spojrzała nań zdziwiona. Coś w jej wzroku kazało mu się zatrzymać.

– Chcę do domu! – Tupnął nogą.

– Nie podoba ci się w szkole? – zdziwiła się Pani.

– Nie!

– A czemu?

– Bo jest nudno.

– Mógłbyś tu poznać przyjaciół. Z przyjaciółmi nigdy nie jest nudno.

– Nie chcę przyjaciół, chcę do domu!

– W szkole mógłbyś nauczyć się czytać… – zachęcała Pani.

– Po co? Tata mi czyta albo siostra, czasem ciocia lub wujek.

– Mógłbyś samodzielnie zdobywać wiedzę.

„Samodzielnie to się wiąże buty albo je zupę, i to też nie zawsze" – pomyślał Piotruś ze złością. Tym gorzej dla wiedzy, że trzeba ją zdobywać samodzielnie. On w każdym razie nie miał najmniejszej ochoty.

Następnego dnia przed śniadaniem wymknął się cichutko na dwór i skierował wprost ku Zakazanemu Miejscu. Zakazane Miejsce był to fragment ogrodu obok wąskiej szczeliny w płocie. Rodzice ostrzegali zawsze Piotrusia, by tam nie chodził, zresztą nigdy go to nie interesowało. Zazwyczaj miał tak wiele różnych zajęć, że nie zwracał uwagi na nieciekawe kolczaste krzaki, których gałązkami można było porwać ubranie lub się zranić.

Aż do wczoraj.

Gdy przypomniał sobie o Zakazanym Miejscu, postanowił, że schowa się pośród zarośli gęsto pokrytych drobnymi liśćmi. Dopiero wtedy uspokojony zasnął. Wcześnie rano obudził się, myśląc o podniecającej przygodzie, którą zaplanował w najdrobniejszych szczegółach. Pozostanie w kryjówce tak długo, aż rodzice obiecają mu, że już nigdy, przenigdy nie wróci do szkoły. Nie wiedział jeszcze, w jaki sposób ich do tego przekona. Może wystarczy po prostu tupnąć nogą?

Na razie najważniejsze było zmylenie tropu. Domownicy, zajęci poranną krzątaniną, nie zatrzymali go w drzwiach. Przez nikogo nieniepokojony, czując smak przygody, z mocno bijącym sercem, Piotruś skierował się ku Zakazanemu Miejscu. Gdy przeciskał się pomiędzy krzakiem a płotem, usłyszał ciche jęki i nawoływania.

Początkowo trochę się przestraszył, ale głosy nie brzmiały groźnie, raczej… Piotruś nie wiedział, jak nazwać to uczucie, bo nigdy nie doświadczył smutku. Zaintrygowany rozgarnął gałęzie i z trudem – bo krzak za wszelką cenę bronił dostępu – wsunął się przez wąski przesmyk między sztachetami. Tak dotarł do dzikiego ogrodu otaczającego na wpół zrujnowany dom.

Wiatr zawiał mocniej, podrywając zwiędłe liście. Z lękiem podszytym ciekawością, Piotruś ruszył ku domowi. Przez okna pozbawione futryn i szyb widać było osmalone fragmenty ścian. Na niskiej ławeczce siedziała starsza pani w płaszczu i układała bukiet z dzikich kwiatów, których nazw Piotruś nie znał.

– Czekałam na ciebie – powiedziała, nie odrywając wzroku od bukietu.

Chłopiec zignorował powitanie. Nie mogła na niego czekać, bo on powinien być teraz w szkole, przed chwilą sam jeszcze nie wiedział, że tu trafi.

– Co ma się stać, to się stanie – dodała, jakby czytała mu w myślach.

– A co ma się stać? – zapytał rezolutnie.

– Tego nikt nie wie…

Piotrusia irytowało to, że Pani mówi tak zagadkowo. Dotychczas żaden dorosły nie zwracał się do niego w ten sposób. Tłumaczyli mu wszystko długo i cierpliwie dopóty, dopóki nie zrozumiał.

Postanowił wrócić za płot i schować się w kolczastej samotni, do czasu aż rodzice jak zwykle wszystkiego mu nie obiecają. Jednak ścieżka, którą przyszedł, zniknęła!

– Mogłem się domyślić! – warknął zły.

– Czego? – Staruszka wreszcie oderwała wzrok od bukietu i spojrzała mu przenikliwie w oczy.

– Oddaj natychmiast moją ścieżkę! – krzyknął.

– Twoją ścieżkę? – Patrzyła na niego z uśmiechem, który mu się nie podobał.

– Ja nią przyszedłem!

– I dlatego jest twoja?

– A teraz jej nie ma!

– Może jest, tylko się przed tobą ukryła?

– Gdzie? Mów w tej chwili!

– Nie wiem. Sam musisz ją odnaleźć.

– Ścieżka zarosła, żebym nie mógł wrócić do domu, a ty jesteś złą czarownicą!

– Widzę, że znasz wiele baśni.

Pani się nie obraziła, patrzyła na niego dobrotliwie, co jeszcze bardziej chłopca rozzłościło.

– Nie boję się ciebie! – mówił, wciąż udając dzielnego. – Wiem, skąd przyszedłem. Stamtąd! – dodał i wskazał kierunek ręką. – Myślisz, że nie zdołam się przedrzeć przez te krzaki? Zresztą mogę krzyknąć i moi rodzice zaraz tu przybiegną.

– Krzyknij.

Chłopiec nabrał powietrza i odwrócił się w kierunku swojego domu, ale wołanie o pomoc nie rozbrzmiało.

„Straciłem głos?" – przeraził się.

Zadrżał ze strachu. Czyżby został zaczarowany?

– Kim pani właściwie jest? – zapytał grzeczniej (bo jednak mógł mówić) cichym, drżącym głosem i odwrócił się znów do staruszki. Ona jednak jakby się pod ziemię zapadła.

Początkowo Piotruś myślał, że po prostu weszła do domu. Z lekką obawą przestąpił więc próg i rozejrzał się po ciemnej sieni. Nie było tu nic ciekawego. Na haczykach obok drzwi wisiały stary, mocno zakurzony męski płaszcz oraz parasol z wystającymi drutami.

Przezwyciężając lęk, chłopiec nacisnął klamkę do kolejnego pomieszczenia. Znalazł się w kuchni. Tu Pani od Kwiatów również nie było. Na środku znajdował się stół, obok leżał niski trójnogi zydelek. Dziwna kaflowa kuchnia była częściowo zniszczona, stał na niej duży osmalony garnek. Wielki kredens z kolorowymi szybkami wykrzywił się ze starości. Pachniało nieprzyjemnie dymem i wilgocią, a prawie w każdym kącie rozciągały się pajęcze sieci.

Nagle Piotruś usłyszał chrząknięcie. Rozejrzał się bacznie, ale niczego ani nikogo nie zauważył. Wśród świstu wiatru hulającego po kuchni złowił jednak uchem coś, co przypominało kwilenie, sapanie i jakby zduszone szepty.

– Proszę pani! – zawołał przerażony. – Gdzie się pani ukryła?

Na dźwięk jego głosu szepczące istoty nagle umilkły. Szukając Pani od Kwiatów, Piotruś nacisnął klamkę do następnego pomieszczenia. Zobaczył przed sobą wysokie, strome, gdzieniegdzie spróchniałe schody prowadzące na piętro.

„Gdybym wszedł na górę, pewnie udałoby mi się zobaczyć nasz dom – pomyślał. – Może zawołałbym rodziców? Tak całkiem cicho?".

Idąc blisko ściany, gdyż poręcz schodów chwiała się i skrzypiała ze starości, chłopiec ostrożnie wchodził na piętro. Czuł, że z każdym krokiem trudniej mu pokonywać stopnie, jakby kamienie, które matka włożyła do kieszeni jego kurtki, nagle stały się o wiele cięższe. Wyrzucił je więc za siebie. Gdy upadły, zadudniły głucho na schodach. Jednak nadal każdy krok wymagał dużego wysiłku, jakby jakiś olbrzym przyciskał Piotrusia do ziemi.

Schody kończyły się tuż przy zamkniętych drzwiach. Chłopca dzieliło od nich zaledwie kilka kroków, pokonał je resztką sił, nacisnął na klamkę i… Przystanął przerażony na skraju przepaści. Serce waliło mu jak młotem, a w ustach całkiem zaschło.

Za drzwiami nie było żadnego pokoju, ścian ani podłogi. Od progu, jak okiem sięgnąć, rozciągał się piękny widok na rozległą łąkę. W oddali wznosiły się gęsto rosnące drzewa. Jakby

ktoś namalował wielki obraz. Tylko że łąka i las były prawdziwe. Wysoka trawa łagodnie falowała, pachniały kwiaty i zioła.

Chłopiec przyglądał się zafascynowany, wreszcie usiadł na podłodze, by w spokoju przemyśleć, co robić. Przypomniał sobie, że przecież nigdzie w pobliżu jego domu nie ma łąki! Wszędzie są ulice i budynki, niektóre zamieszkane, inne opuszczone. Ale łąka? Skąd się nagle wzięła?

Nim zdążył wpaść na jakiś pomysł, usłyszał cichy, łagodny szept dobiegający spod leżącego tuż w zasięgu jego dłoni liścia.

– Szafirowa nadzieja, rubinowe pragnienie, turkusowe marzenia…

Uniósł liść, który ważył więcej niż zwykły suchy, spadły z drzewa listek klonu, ale niczego pod nim nie znalazł. Za to głosy, przypominające echo rozmów, rozbrzmiały znów całkiem wyraźnie.

– Nie boję się was! – zawołał nieco przestraszony chłopiec. – Mamo! – dodał pełnym lęku szeptem.

– I bardzo dobrze! – powiedziało coś z jego kieszeni.

Piotruś ostrożnie do niej zajrzał, ale była pusta!

– Kto to mówi? Kim jesteś? – Nie miał pojęcia, czego chciałby się dowiedzieć najpierw.

– To ja. Jestem Pragnieniem.

– A co to jest Pragnienie?

Piotruś znał wiele bajek, ale w żadnej nie słyszał tego słowa.

– Pragnienie to jest uczucie, kiedy bardzo czegoś chcesz. Kiedy marzysz i wiesz, że byłoby wspaniale, gdyby to, o czym śnisz za dnia i w nocy, nagle do ciebie przyszło.

Piotruś nadal nie rozumiał.

– Pragnienie to przeczucie radości, słodyczy, która rozlewa się po całym twoim ciele, kiedy marzenie się spełnia.

– A co to jest marzenie?

– Tego też nie wiesz?! – Głosik z kieszeni zaczynał być trochę poirytowany. – Marzenie to kolec w żołądku, chmury w głowie, to spętane dłonie, to brak sił, to oczekiwanie i myśl o radosnym końcu.

– Nic nie rozumiem.

– Przypomnij sobie, jak się czułeś, kiedy bardzo czegoś pragnąłeś?

– Ale czego?

– Nie wiem: kolejki elektrycznej? Książki? Roweru? Nawet w tej chwili na pewno jest coś, o czym marzysz, czego pragniesz, pomyśl tylko.

Piotruś zastanawiał się dłuższą chwilę, ale nie odpowiedział, bo nie było nic, kompletnie nic, o czym by marzył. Przyszło mu jednak do głowy kolejne pytanie:

– A co to jest nadzieja?

– Nie wiem!

– Powiedz!

– I tak nie zrozumiesz!

– Postaram się, obiecuję…

Zabrzmiało to w jego ustach nad wyraz prawdziwie.

– Nadzieja jest wtedy, kiedy masz prawie pewność, że marzenie się spełni – odpowiedział głos nieomal z gniewem.

Chłopcu nie spodobało się to wyjaśnienie.

– E tam…

– Widzisz tę zieloną łąkę przed nami?

Piotruś widział łąkę.

– Co to znaczy „zieloną"? – zapytał w całkiem dobrej wierze.

– Ja się zabiję! Słuchajcie, ten dzieciak nie rozumie, co to pragnienie, marzenie, nadzieja. Próbuję mu tłumaczyć, jak umiem najlepiej, a on mi nagle wyskakuje, że nie wie, co znaczy „zielona". Jak mam mu, do diabła, wytłumaczyć kolor? Ja jestem tylko małe Podeptane Pragnienie, nie jakiś van Gogh albo inny Rembrandt! Wszyscy wiedzą, co znaczy „zielony", „żółty", „niebieski". Spójrz na drzewa, są zielone, spójrz na niebo, jest niebieskie, spójrz na słońce, jest żółte.

– O czym ty mówisz? – zaniepokoił się Piotruś.

– O kolorach, bracie, o kolorach!

– Co to są kolory?

– Tośmy sobie pogadali! – syknęło Pragnienie. – Ale z tym można żyć. Nie przejmuj się. Najwyżej nie dostaniesz prawa jazdy. Kiedyś nawet telewizja była czarno-biała. Tylko człowiek jest przez to jakby trochę uboższy. Rozumiesz?

– Nie…

– Kiedy nie widzisz kolorów – Pragnienie próbowało wytłumaczyć to jak najprościej – masz mniej radości z życia, bo kolory… Kolory są…

– Jakie?

– Dobra, zacznijmy od początku. Kolory… jak ci to wyjaśnić? Może tak: kolory są jak muzyka. Niektóre wesołe, inne smutne, jedne ciche, inne znowu krzykliwe. Niektóre skromne, inne pełne pychy.

– A zielony?

– Zielony? To mój ulubiony kolor. Pomyśl, że jest ci gorąco.

– Już! – zadeklarował Piotruś z zadziwiającą, rzadką u siebie gotowością do współpracy.

– A teraz pomyśl, że robi ci się przyjemnie chłodno.

– Już!

– I co?

– Co: „co?".

– Jakie to uczucie?

– Czy ja wiem? Normalne.

– Nic nie jest normalne. Zapamiętaj to sobie! Wszystko jest smutne albo wesołe, przerażające albo uspokajające, porywające lub dołujące. Znasz to słowo?

– Nie.

– Może to i lepiej. A swoją drogą, niektórzy mają w życiu szczęście.

– Którzy?

– Nie zmieniaj tematu. Ja na pewno nie. Ty przecież, ty!

– A co to jest szczęście?

– Zadajesz za dużo głupich pytań. W twoim wieku powinno się już chyba coś kumać z życia, no nie? I nie pytaj, co to znaczy „kumać"!

– Dobrze.

– Czułeś się, jakbyś zanurkował w błękitnej wodzie? W zielonym lesie? Wtedy, kiedy z zalanego słońcem podwórka wszedłeś nagle w chłodny cień drzewa?

– Nie.

– Przynajmniej szczery! – z kwaśną rezygnacją podsumował głos. – Naprawdę tego nie wiesz? Jak wygląda las? Woda? Spójrz do góry.

Piotruś uniósł głowę.

– Co widzisz? Kolor! Kolor! – poganiało go Pragnienie.

– Szare niebo.

– Akurat dziś niebo jest najoczywiściej błękitne. Każda mysz, każdy ptak, człowiek i nawet byle drzewo ci to powie.

– Drzewa nie mówią! – obruszył się Piotruś. – Chyba że w bajkach.

– A skąd wiesz, że nie znajdujemy się w bajce? – zapytało znienacka Pragnienie.

Piotruś zamyślił się na chwilę. Przypomniał sobie ścieżkę, co nagle zarosła, Panią od Kwiatów, która bez słowa znikła, i zaskakujący widok z okna. Do tego we własnej kieszeni miał niewidzialnego stworka, który podawał się za Pragnienie.

– Więc to jest bajka? Tajemniczy ogród, coś w tym stylu?

– Skąd! – prychnęło Pragnienie. – Jaka tam bajka! Prawdziwe życie, brutalne, jeśli znasz znaczenie tego słowa, ale obawiam się, że nie znasz, a ja ci nie zamierzam tłumaczyć. Jesteś tu i ja tu jestem. Zaraz rozpalę ogień i upiekę cię na obiad.

Mimo woli Piotruś poderwał się na równe nogi.

– Cykor! – Pragnienie się zaśmiało. – Jeśli wiesz, co to znaczy, bo idę o zakład, że nie.

– Cykor to taka niedobra surówka. Sam jesteś cykor.

– Jestem, jestem, a jakże. Nawet nie masz pojęcia, jak bardzo – powiedziało Pragnienie i umilkło.

Piotrusiowi wydało się, że słyszał kilka smutnych westchnień.

– Ej, ty! – Zajrzał do kieszeni, ale przecież znów niczego tam nie zobaczył. – Żartowałem. Nie jesteś cykor, naprawdę. Zresztą cykor z papryką i ogórkiem nie jest taki zły. Tylko trochę gorzki… – przerwał, licząc na to, że Pragnienie zaprotestuje.

Ale Pragnienie milczało. Widać porównanie z cykorem nie było dla niego zbyt miłe. Po całym tym gadaniu o jedzeniu

Piotruś nagle poczuł głód. Zbliżała się pewnie pora drugiego śniadania, więc zrobił krok w kierunku schodów, by mimo wszystko odnaleźć ścieżkę do domu. Myślał, że Pragnienie będzie go zatrzymywało, prosiło, może nawet błagało, aby jeszcze nie odchodził. Nic z tego. Zamilkło na dobre, a w kieszeni nie wyczuwał żadnego ruchu.

Wtem chłopiec zdał sobie sprawę, jak bardzo jest znów lekki. Schwycił się balustrady, bo wiatr z łatwością mógłby go unieść. Nagle usłyszał jakiś dźwięk.

– Poczucie Winy… – ktoś mruknął z kąta.

– Słucham?

– Uczepiło się twojego lewego ramienia. Strzepnij je po prostu. Pewien człowiek całkiem niedawno wciągnął je w odkurzacz, a potem wyrzucił na śmietnik. To twarda sztuka. Wydostało się z torby na odpadki i gdyby nie zatrzaśnięte drzwi wejściowe, pewnie by zdołało wrócić. Jest tu od niedawna, jeszcze nie przywykło.

– Do czego? – zainteresował się Piotruś. Nagle zapomniał o głodzie i gotów był wysłuchać opowieści o Poczuciu Winy.

– Do bezdomności.

– Przecież macie dom?

– To tu nazywasz domem? To tylko śmietnik niechcianych uczuć. Dom to jest człowiek. Ostatecznie zwierzę. Pies najlepiej albo kot. Psy są nawet fajne.

– Mama mówi, że psy brudzą.

– Jasne. Miałeś kiedyś psa?

– Nie.

– A chciałeś?

– Tak.

– Człowieku! Mamy od czego zacząć! – Rozpromieniło się Pragnienie. – Ty wiesz!

– Co?

– Wiesz, co to pragnienie! Wiesz? Musisz wiedzieć?! Powiedz!

– Pragnienie… Pragnienie to jest… złość? – zaryzykował niepewnie Piotruś.

– Nie, do stu piorunów, on jest niereformowalny! – zawodziło Pragnienie. – Jaka złość?! Jaka złość?!

– Chciałem mieć psa, a dostałem kolejkę.

– I co?

– Byłem zły. Ale krótko, słowo daję!

– Krótko? Wolałeś kolejkę?! Kolejkę od psa?!!! – Pragnienie nie posiadało się ze zdumienia. – Jesteś bez serca? No tak, wszystko jasne. Co my się tu będziemy wysilać. Ty też wyrzuciłeś uczucia na śmietnik.

– Nie, ja nie wyrzuciłem uczuć na śmietnik! – Piotruś zapewniał solennie. – Może to mama? – próbował znaleźć odpowiedź i chyba sam, po raz pierwszy w życiu, zaczął się nad tym zastanawiać. – Ona wszystko wyrzuca. Nie lubi bałaganu. Ciągle coś układa, wyciera, porządkuje.

– Mama, powiadasz? – zasępiło się Pragnienie. – Taaak… – Jego głos zawisł gdzieś bardzo daleko, w otchłani, której istnienia chłopiec nawet nie podejrzewał. – To zawsze jest wina kogoś innego, prawda?

– Przysięgam! – zapewniał Piotruś, niczego nie rozumiejąc. – Ja nie… Naprawdę…

– I widzisz, szkoda! – warknęło Pragnienie. – Wielka szkoda. Co by ci się stało, jakbyś trochę popłakał, jakbyś żałował tego psa, tęsknił do jego miękkiej sierści, do mokrego pyska i szorstkiego języka? Bo gdyby szczeniak nawet coś tam zepsuł, zabrudził czy pogryzł, to co z tego? Jego trącenie nosem dałoby ci więcej szczęścia niż wszystkie elektryczne kolejki świata. To się, bracie, nazywa przyjaźń. Czy można się zaprzyjaźnić z kolejką?!

– Chyba nie… – zasępił się chłopiec i ze wstydem przypomniał sobie radość, jaką odczuwał na widok lokomotywy ruszającej z głośnym gwizdem spod semafora. – Chociaż…

Zapadła cisza. Sześcioletni chłopiec – lekki jak piórko, nieznający kolorów i uczuć – oraz Podeptane Pragnienie zastanawiali się nad tym, co im się właśnie przydarzyło i co dopiero nastąpi.

Niezręczną sytuację uratował całkiem niechcący mały ptaszek podobny do wróbla. Usiadł na parapecie i zaćwierkał radośnie.

– Oto radość – westchnęło Pragnienie. – Czysta radość życia.

– Wiesz, co on powiedział? – zainteresował się chłopiec.

– Ze śpiewem ptaków jest jak z ariami operowymi. Nie musisz ich rozumieć, by sprawiały ci przyjemność. Czasem rozumienie nawet przeszkadza, bo skupiasz się na słowach, które mają znaczenie drugorzędne, podczas gdy to muzyce zawdzięczamy radość serca.

Śpiew ptaka zapalił i w sercu Piotrusia iskierkę radości. Jego twarz się rozpromieniła i miał ochotę skakać, choć nie zapomniał przecież, że jest głodny i nie zna drogi do domu.

– Naprawdę zrozumiałeś? – zaciekawił się chłopiec.

– Jestem już nawet trochę znudzony tą opowieścią. Ten maruda powtarza nam ją co najmniej od miesiąca. Mówi o wielkiej burzy, która zbierała się nad jego gniazdem.

– I co?

–Pewnego upalnego wiosennego popołudnia, kiedy jego partnerka złożyła ostatnie, piąte już, jajko w świeżo uwitym gnieździe, piękna pogoda zaczęła się psuć. Nad drzewo, na którym znajdował się ptasi dom, nadciągnęły ciężkie chmury koloru ołowiu. Choć był dzień, zrobiło się ciemno jak w nocy. Silny wicher wiał z mocą znacznie większą niż potrzebna, by wyrwać drobne drzewo z korzeniami, a co dopiero zrzucić z gałęzi maleńkie jak pięść gniazdko z patyków sklejonych gliną. Wiatr wył, przerażona samiczka kuliła się, osłaniając skrzydełkami pięć jajeczek, a obok siedział nasz przyjaciel, oczekując najgorszego.

– O rety, ale musiał się denerwować. Sam w nocy, podczas burzy. Nie wiem, co bym zrobił na jego miejscu! – zmartwił się Piotruś.

– Przede wszystkim trzeba mieć nadzieję. Ufać, że przetrwamy najgorsze, że wyjdziemy z najgorszej opresji bez szwanku. Tylko to dodaje siły. Lęk jest trucizną, a wiara eliksirem życia. Dodaje nam sił nawet w sytuacjach beznadziejnych, jak ta burza. Niezłe kazanie, co? – Pragnieniu podobała się jego własna przemowa.

– A on się nie bał? Ten ptaszek? – Piotruś zapytał zupełnie poważnie.

– Bał się, ale wiedział, że ma w gnieździe piękne jajka i wyklują się z nich śliczne pisklęta. Myślał o letnich wieczorach, kiedy będą z partnerką opowiadać dzieciom o strasznej burzy, i że już nigdy nic równie przerażającego im się nie przytrafi.

– I opowiadali?

– Na pewno. Letnie wieczory są przecież dłuższe od najdłuższych nawet zimowych nocy. A teraz czeka ich niebezpieczna podróż. Wspomnienie tej burzy na pewno się przyda.

Piotruś spojrzał ku oknu, lecz ptaszek już odfrunął. Jeszcze z oddali dobiegał wesoły świergot, zmieszany ze smutnym zawodzeniem wiatru, coraz cichszy i cichszy

– Ale wrócą, prawda?

– W końcu zostawiają tu gniazdo. By wrócić do domu, nie potrzebujesz drogowskazów.

Usłyszawszy to, Piotruś zrozumiał, że on też, jeśli tylko zechce, odnajdzie drogę. W końcu jest przecież dużym chłopcem, a nie maleńkim ptaszkiem. Ale na razie nie miał jeszcze ochoty wracać. Zresztą gdyby zrobił to zbyt wcześnie, może musiałby jeszcze pójść do szkoły? Postanowił, że lepiej, jeśli na razie nie ujawni swojej kryjówki.

Tymczasem przez korytarz przebiegł wiatr. Wspiął się na schody, zakręcił na podeście i wyfrunął przez otwarte drzwi do nieistniejącego pokoju. Piotrusiowi wydało się, że rozumie jego świst. Wiatr jakby nucił smutną piosenkę:

– Nie mam domu. Nie mam. Nie mam… Muszę pędzić, muszę pędzić, gnać…

„Czy to możliwe, żebym znał mowę wiatru?" – pomyślał chłopiec.

– Dzisiaj tu, dzisiaj tu, jutro tam. Wieję, sunę, pędzę, gnam… – całkiem wyraźnie zaszumiał wiatr i przysiadł na chwilę wśród gałązek jarzębiny.

– Gdzie właściwie mieszka wiatr, wiesz może? – Piotruś zapytał na głos.

– Wiatr to wędrowiec, wolny duch. Jest w ciągłym ruchu – odpowiedziało Pragnienie. – Nie mieszka nigdzie.

– Może dlatego jest smutny?

– Wiatru nie da się zamknąć. Uwięź go między ścianami domu, a umrze w mgnieniu oka. Zresztą skąd wiesz, że jest smutny?

– Nie słyszysz, jak zawodzi? Mówi, że musi pędzić, ale może wcale tego nie chce? – zastanowił się Piotruś. – Może wolałby mieć dom z otwartymi oknami, gdzie ktoś będzie na niego czekał? Miejsce, dokąd mógłby zawsze wpaść, by zatrzymać się na chwilę, a potem znów odfrunąć?

– Ale wiatr to samotnik. Kto miałby na niego czekać?

– Dom. Nie musi być taki ze ścianami. Gdyby na przykład wiatr miał mieszkanie na topoli, tamtej, na której ptaki uwiły gniazdo, to one by na niego czekały. I nie czułby się już samotny.

Pragnienie nie znalazło żadnej rozsądnej odpowiedzi. Bo może to chłopiec miał rację? Może samotnikowi wiatrowi obrzydła już jego wolność? Może chciałby opiekować się gniazdem ptaszków podczas ich nieobecności w zimie, a wiosną i latem przyfruwać, by słuchać opowieści o burzy? Natura wiatru jest niezbadana.

– A ty? – zapytał po chwili milczenia Piotruś.

– Co ja?

– Też masz smutny głos.

– Wydaje ci się.

– Czy pragnienia są samotnikami?

– No skąd! – Pragnienie prychnęło z wyższością kogoś dobrze poinformowanego.

– Tak właśnie pomyślałem.

– Proszę, proszę! Stajesz się powoli specjalistą od pragnień!

– A z kim mieszkałeś? – zajęty odkrywaniem prawdziwej natury Pragnienia, Piotruś nie zwrócił uwagi na ironiczny ton.

– Nieważne.

– Powiedz, proszę…

Nastąpiła dłuższa chwila ciszy, jakby Pragnienie musiało głęboko pogrzebać w pamięci.

– To był taki mały chłopiec, trochę podobny do ciebie. Potem urósł oczywiście. Ale na początku był dzieckiem. Miał piękne marzenia, by dokonać rzeczy niezwykłych. Jak każdy dzieciak nie mógł się zdecydować, czy zostanie lotnikiem, marynarzem czy odkrywcą. Pociągały go przygody i niebezpieczeństwa. Chciał sławy, pragnął, aby inni go podziwiali, pokazywali sobie na ulicy z zazdrością, by gazety drukowały jego zdjęcia i opisywały, co przeżył.

– Udało się?

– A jak myślisz?! – warknęło Pragnienie i znów zapadła cisza. Słychać było tylko wiatr.

Piotruś już nie poganiał Pragnienia. Bał się, że je jeszcze bardziej rozzłości i niczego już się nie dowie. Siedział więc na schodku bez słowa, patrząc, jak promień słońca, który wpadł przez okno, rozlał się mu jasną plamą u stóp. Ciekawe, co takiego mogło się przydarzyć chłopcu, który chciał dokonać rzeczy wielkich, i dlaczego jego pragnienie jest teraz bezdomne i nieszczęśliwe.

„Może zachorował i umarł?" – pomyślał Piotruś. Ale był przecież tylko malcem, który nie rozumiał uczuć i nie odróżniał kolorów. Skąd miał wiedzieć, jak bardzo proste sprawy mogą się skomplikować?

– Mijały dni, miesiące i lata. – Pragnienie westchnęło i wróciło do opowieści. – Mój chłopiec dorastał i mężniał. Dziwne, że im był większy, tym bardziej jego pragnienie malało. Wcześniej niemal codziennie śnił o wspaniałych czynach. Wiedział, że aby spełnić jakieś marzenie, trzeba pracować i wykazać się uporem. Jednak zamiast zrobić krok w kierunku celu, wolał go od siebie odpychać. Siedział w fotelu przed telewizorem i oglądał cudze przygody albo bez wysiłku wygrywał bitwy na komputerze. Myślał, że ma jeszcze wiele czasu, jest przecież tylko małym chłopcem. W końcu zapomniał o swym dziecięcym pragnieniu. A pragnienia zapomniane, odłożone na później, kurczą się, nikną, a w końcu umierają.

– Ale ty żyjesz! – wyrwało się Piotrusiowi.

– Chyba z przyzwyczajenia.

– Myślisz, że on się jeszcze zmieni? Że sobie o tobie przypomni? – zapytał i poczuł lekki wstyd. Polubił Pragnienie i chciał, aby wreszcie znalazło dom. Jednocześnie wolałby jednak, by tak się nie stało.

– To na nic. Już po wszystkim.

Słoneczna plama rozlała się po całej podłodze i w zrujnowanym domu nagle zrobiło się jasno. Piotruś nie mógł uwierzyć, że dla Pragnienia nie ma żadnego ratunku. Głos wydobywający się z kieszeni był cichy, zduszony i pozbawiony choćby odrobinki nadziei, ale chłopiec postanowił, że wymyśli sposób, jak pomóc.

Poczuł nagle, że coś go drapie w nogę. Nie zauważył jednak niczego prócz małej plamy światła. Podciągnął nogawkę. Tam też niczego nie znalazł. Potarł swędzące miejsce. Bez rezultatu. Spojrzał na swoją nogę raz jeszcze i wreszcie zdumiony zrozumiał, że to promień słońca próbuje zwrócić jego uwagę na ścianę, na której wisiało stare, zszarzałe, popękane lustro w szerokiej pozłacanej ramie.

Piotruś wstał i przyjrzał się swemu odbiciu. Wyglądał, jakby jego ciało składało się z samych trójkątów. Pełen był kantów, wystających ni stąd, ni zowąd rogów. Można by pomyśleć, że zaraz się rozpadnie. Kiedy podniósł

rękę, zobaczył, że wystaje ona z głowy. Gdy zrobił śmieszną minę, połowa ust znalazła się na wysokości ucha i nie stykała się z drugą. Było to zabawne, ale nikomu nie chciało się przecież śmiać.

„Po co Promień to zrobił? – chłopiec zastanawiał się w myślach. – Czego mógł ode mnie chcieć? O ile mi się wszystko nie przywidziało…?".

Nie mógł zapytać wprost, bo nie chciał, by Pragnienie, ukryte teraz gdzieś w kącie i niezdradzające ochoty do dalszych rozmów, domyśliło się, że on knuje coś za jego plecami z Promieniem Słońca. Nawet jeśli to knucie miało na celu poprawienie humoru Pragnienia. Piotruś spojrzał więc na Promień, który znów leniwie leżał sobie na podłodze, i rozłożył ręce w geście bezradności.

I pewnie Promień jakoś by pomógł, w każdym razie Piotruś na to liczył, lecz nagle napłynęła wielka złośliwa chmura i zasłoniła słońce. Chłopiec patrzył przerażony, jak świetlista plama na podłodze się kurczy. Po chwili nie było jej wcale.

– Z Promieniem już nie pogadasz – usłyszał gdzieś jakby z oddali. Odwrócił się błyskawicznie.

– Podsłuchiwałeś?! – krzyknął niby obrażony, ale bardziej uradowany.

– Musiał uciekać przed chmurą. One polują na takie małe, samotnie wałęsające się promyki. Uwięziłaby go i połknęła pewnego dnia na śniadanie. – Głos był tak cichy i słaby, jakby Pragnieniu brakowało sił albo chęci do życia.

– Dlaczego się nie odzywałeś? – Piotruś nie chciał już słuchać o Promieniu.

– A po co?

– Ciągle jesteś smutny?

– Czy to ważne? Co ma się stać, to się stanie.

– Ta pani tak mówiła.

– Bo może to prawda?

– Jak można wiedzieć, co się stanie?

– Nie można. I to jest pocieszające.

– Dlaczego?

– Bo zawsze jest nadzieja. Przyszedłeś tu tak nagle, tak zupełnie nie-oczekiwanie. Przecież mieszkasz tam, za płotem, od dawna. Widywaliśmy cię. Słyszeliśmy twój śmiech. Ale ty nie wiedziałeś o naszym istnieniu. Wła-ściwie nadal nie wiesz…

– Wiem o tobie i o twoim chłopcu. I chciałbym ci pomóc, tylko nie wiem jak. Myślałem, że Promień mi pomoże, ale on uciekł. Może ty mi powiesz, co mam zrobić?

– Gdyby to było takie proste…

Piotruś poczuł, że Pragnienie nie da mu żadnej wskazówki. W dodatku mówiło już prawie niedosłyszalnym szeptem. Czy coś mu groziło? Czy było chore z tęsknoty za chłopcem? Jaka kryła się za tym tajemnica?

Nagle Piotruś usłyszał cichy śpiew dobiegający od strony ogrodu. Wyj-rzał przez okno i zobaczył Panią od Kwiatów brodzącą wśród wysokich traw. Ostrożnie, włożywszy do kieszeni wyrzucone wcześniej kamyki, skie-rował się w dół schodów i pobiegł do niej.

– Poznałem Pragnienie.

– Ach tak…? – Pani zrywała kwiaty i nuciła, nie patrząc na niego.

– Chciałbym mu pomóc.

– To dobrze.

– Ale nie wiem jak.

Pani od Kwiatów pokazała Piotrusiowi swój bukiet.

– Widzisz te kwiaty?

– Tak.

– Jakiego są koloru?

– Szare.

– Póki nie zobaczysz kolorów, nie pomożesz Pragnieniu. A gdy je zoba-czysz, sam będziesz wiedział, co zrobić.

Zmartwiony chłopiec usiadł na schodku. Oparł głowę na dłoniach i z ca-łej siły wpatrywał się w ogród. Widział szare krzaki pod ciemnoszarymi drzewami i szarą trawę, w której rosły jasnoszare kwiaty. Starał się i starał, ale nic to nie dało, wszystko było nadal szaro-szare.

– Chcę widzieć kolory! – powiedział na głos, jakby to żądanie mogło coś zmienić.

Poderwał się na nogi i pobiegł na piętro.

– Jesteś tu? Odezwij się! – wołał, ale Pragnienie milczało. – Proszę, po-wiedz coś do mnie! – domagał się, lecz jedyne, co słyszał, to szepty niezna-jomych. – Niech ktoś mi pomoże! – błagał.

– Pragnienie ucichło, Pragnienie zamilkło, Pragnienie usnęło, w pył się zamieniło… – szumiał wiatr.

– Co ty mówisz?! – Piotruś krzyczał przez łzy. – To nieprawda! Kłamiesz! Nie zgadzam się! Ono jest moje! Tylko moje… – Ostatnie słowa wyszeptał sam do siebie, po czym załamany i bezsilny usiadł na schodku. Chwilę później poderwał się jednak, zbiegł do ogrodu, wyrzucił kamyki z kieszeni i krzyknął na cały głos:

– Wietrze, wyrzuciłem kamyki! Znów jestem lekki jak piórko! Zabierz mnie, dokąd chcesz, tylko oddaj mi Pragnienie!

Wiatr zaszumiał, zawirował i porwał Piotrusia przez otwarte okno. Uno-sił go coraz wyżej i wyżej, ponad budynkami i drzewami, ponad chmura-mi. Chłopiec patrzył, jak oddala się od dzikiego ogrodu. Widział dom kryty karbowaną dachówką, który stawał się coraz mniejszy. Starał się nie tracić

go z oczu, by znaleźć drogę powrotną, gdy wiatr, znudzony towarzystwem, postawi go wreszcie na ziemi.

– Wiem, że jesteś samotny! – chłopiec starał się przekrzyczeć szum wichru. – Wiem, że nie masz domu! Wiem, że nie masz przyjaciela i że jesteś smutny. Jeśli chcesz, ja zostanę twoim przyjacielem. Kiedy ci będzie źle, możesz do mnie przylecieć i podzielić się swoim smutkiem. Jestem co prawda tylko małym chłopcem, który nie widzi kolorów, ale lepiej mieć takiego przyjaciela niż żadnego, prawda? Zgadzasz się?! – wciąż wołał, niepewny, czy wiatr go rozumie.

Wiatr nie odpowiedział, tylko niósł chłopca coraz wyżej i wyżej, aż zakręciło mu się w głowie. Mijały ich stada ptaków odlatujących na południe, raz po raz przebijali się przez chmury, które plotkowały między sobą w trudno zrozumiałym języku.

– Pogodę niosę, pogodę, radość, słońce – mówiła jedna, przeciągając się leniwie.

– Deszcz niosę, deszcz, burzę, grad, ulewę. Trzymajcie mnie, bo spaaaaadam...! – zawołała druga i poleciała w dół, w czarną czeluść, którą tylko raz po raz rozjaśniały jasne błyski piorunów.

Słońce powoli zachodziło. Na niebie została jedynie maleńka chmurka. Płynęła niezdecydowana, jakby z wahaniem, trochę w tę stronę, trochę w inną. W pewnej chwili Piotruś poczuł, że na skrzydłach wiatru sunie razem z nią, że go otuliła jak kołderka, a białe kłaczki przyczepiają mu się do ubrania.

– Dzień dobry, chmurko! – powiedział. – Dokąd płyniesz?

– Piotruś?! – zawołała chmurka głosem Pragnienia. – Skąd się tu wziąłeś? Wiesz, że to niebezpieczne?

– To ty?! – ucieszył się chłopiec i zagarnął duży kawałek chmurki w ramiona. – To naprawdę ty?!

– Przestań, nie ściskaj, bo wyciśniesz ze mnie deszcz! – zawołało Pragnienie, ale bardziej radośnie niż gniewnie.

– Dlaczego mi uciekłeś?

– Nie uciekłem. To spotyka wszystkie niechciane uczucia. Zamieniamy się w pył i odpływamy razem z wiatrem.

– Dokąd?

– Nie wiem. Chyba gdzieś na koniec świata.

– Byłeś tam już kiedyś?

– Nie. A ty, co tu robisz?

– Obiecałem wiatrowi, że się z nim zaprzyjaźnię.

– Szczęściarz z niego.

– Nie mam domu, nie mam, nie mam… Muszę pędzić, muszę pędzić, gnać… – zaszumiał wiatr. – Tyś mi oddał, tyś mi oddał serce swe… Z tobą lecę, z tobą frunę, hen…

– Fajnie, że się jeszcze spotkaliśmy! – powiedziało Pragnienie. Ale głos miało jakiś przygaszony.

Piotruś też się cieszył, choć wolałby już wrócić do domu. Stanąć na ziemi, poszukać zarośniętej przez chwasty ścieżki, przejść przez dziurę w płocie, przedrzeć się przez kolczaste krzaki, pobiec do mamy i opowiedzieć jej swoją przygodę.

Kiedy pomyślał o mamie i o tym, że ona na pewno odkryłaby sposób, jak uratować Pragnienie, wpadło mu coś do głowy. Zaczął oddzierać kawałki chmurki i upychać je sobie po kieszeniach.

– Co robisz! To boli! – krzyknęło Pragnienie.

– Ćśśś! Nic nie mów!

– Ale co robisz? – wyszeptało mu wprost do ucha.

– Chowam cię. Kiedy tylko wiatr postawi mnie znów na ziemi, zabiorę cię do domu. Chociaż nie wiem, czy odnajdę ścieżkę – wyjaśniał, wciskając ostatnie kawałki chmurki do kieszeni. – Ale może jakoś się uda?

– Ty i ja…? Razem…? Do domu…?

– A wolisz tu zostać? – zapytał Piotruś. Trochę się przestraszył, że Pragnienie mogłoby nie chcieć wracać na ziemię i że lubi siebie pod postacią chmurki.

– Ja… Nie wiem, co powiedzieć…

Wiatr uciszał się powoli i Piotruś wraz z Pragnieniem poupychanym w kieszeniach łagodnie opadali na ziemię. Chłopiec wytężał wzrok, chcąc wypatrzyć swoje miasto, ulicę i dom, a gdy je już odnalazł, nie spuszczał

...ch z oczu. Pragnienie milczało. Teraz Piotruś objął dowodzenie. Z każdą chwilą cel był coraz bliżej i Piotruś widział go wyraźniej. Nie umiał znaleźć odpowiednich słów, więc w milczeniu wpatrywał się w błękit rzeki, zieleń lasów i łąk, czerwień dachówek, szare nitki ulic. Poczuł, że w jego sercu zapalił się mały gorący płomyk.

Stopy chłopca dotknęły ziemi i znalazł się na wprost zrujnowanego domu, skąd porwał go wiatr. Piotruś uniósł głowę i krzyknął na całe gardło:

– Wietrze! Widzisz ten dom tuż obok? Ma czerwone dachówki. Możesz w nim zamieszkać, kiedy tylko zechcesz. Okno w moim pokoju będzie zawsze otwarte! Dziękuję! – zawołał i pomachał wiatrowi, który odfrunął, szumiąc na pożegnanie:

– Znowu lecę, znowu gnam, dzisiaj tu, a jutro tam… Znowu lecę, pędzę hen, czy to noc jest, czy to dzień…

– Jesteś? – zaszeptał konspiracyjnie Piotruś, zaglądając do kieszeni.

– Tak – cichutko odparło Pragnienie.

– Już po wszystkim. Teraz musimy tylko znaleźć drogę do domu – powiedział chłopiec i popatrzył dookoła. W głowie mu się zakręciło od rozbłysłych nagle kolorów. Był tak oszołomiony, że w pierwszej chwili nie spostrzegł ścieżki, która odsłoniła się pośród zarośli.

– Ja widzę! Słyszysz?! – krzyknął. – Widzę kolory! Niebo już nie jest szare! Trawa już nie jest szara!

– Też mi odkrycie! – sapnęło Pragnienie z wyższością, ale Piotruś nie zwrócił na to uwagi, bo zobaczył Panią od Kwiatów wychodzącą ze zrujnowanego domu.

– Proszę pani! Proszę pani! – Podbiegł do niej. – Widzę kolory!

– Cieszę się.

– I wracam do domu!

– Sam? – Pani spojrzała na niego badawczo.

– Mam coś w kieszeni, ale proszę o tym nikomu nie mówić!

– Dobrze.

– A teraz muszę już iść, rodzice na pewno wszędzie mnie szukają. Może jeszcze zdążę do szkoły?

– Żegnaj, Piotrusiu! – powiedziała Pani od Kwiatów i podała mu bukiecik marcinków.

– Zrobię mu łóżeczko w pudełku po butach. Myśli pani, że to dobry pomysł?

– Chyba tak.

– Co? W pudełku po butach? – zaprotestowało Pragnienie. – Jeszcze czego! Będzie mi tam za ciasno! Chcę spać na poduszce! I chcę mieć widok z okna.

– No dobrze już, dobrze, coś się wymyśli! – Piotruś się uśmiechnął. Wcale mu nie przeszkadzało marudzenie Pragnienia.

Chłopiec pomachał Pani od Kwiatów i ruszył w kierunku dziury w płocie. Zatrzymał się jeszcze na chwilę, aby podnieść ze ścieżki kamyki i włożyć je do kieszeni, ale wiesz? Nie były mu już do niczego potrzebne.

– Pan zna Piotrusia? – Maciek zapytał cicho pana Rożka.

– Tak. Mieszka tu niedaleko.

– Czy on gra w piłkę?

– Zapewne. Jak każdy chłopiec na osiedlu.

– Myśli pan, że mógłbym go kiedyś poznać?

– Oczywiście, kawalerze! Ale na mnie już czas! Żegnajcie! – powiedziawszy to, usiadł za kierownicą. Silnik auta warknął i zaczął turkotać, a potem dało się słyszeć radosną melodyjkę, która oznajmiała mieszkańcom osiedla, że oto nadjeżdża pan Rożek sprzedający baśnie.

Wycieczka druga

Minął rok. Znów była wiosna. Choć upłynęło wiele miesięcy, Maciek nie zapomniał o panu Rożku. Czasem pytał tatę, kiedy znów pojadą całą rodziną na zielone osiedle, ale najpierw były wakacje, potem jesień i słoty, a zimą, wiadomo, czeka się na święta.

Aż wreszcie nadeszła wiosna. Pewnej soboty tata wstał wcześnie rano. Kiedy Maciek zastał go w kuchni przy stole już ubranego, krzyknął, domyśliwszy się od razu:

– Jedziemy do pana Rożka?!

– Jak na to wpadłeś?!

Chłopiec usiadł obok taty i z zapałem zabrał się do śniadania. Mama natomiast krzątała się po kuchni jakaś zamyślona.

– Mama też pojedzie?

– Nie, dziś wyruszymy tylko we dwóch. To będzie nasza męska wyprawa.

Maciek jednak nie poczuł radości. Mamie bardzo podobała się baśń o Piotrusiu. Rozmawiali na jej temat wielokrotnie, kiedy przychodziła pocałować go na dobranoc. Sprzeczali się o szczegóły, bo każde zapamiętało treść nieco inaczej, dyskutowali o kolorach, zastanawiali się, gdzie Piotruś urządził kącik dla swojego przyjaciela Pragnienia.

Dziś Maciek zamierzał wyjaśnić z panem Rożkiem wszelkie wątpliwości. Mama była mu bardzo potrzebna. Popatrzył na rodziców. Niby wyglądali jak zwykle, ale jednak jakoś inaczej. Mieli poważne miny, nieco zatroskane, i uśmiechali się niepewnie. Wreszcie mama usiadła obok Maćka i pogłaskała go po ręce.

– Chcemy ci powiedzieć coś ważnego.

– Co?

– Będziesz miał rodzeństwo.

– Ja nie chcę! – chłopiec wykrzyknął z przerażeniem.

Dobrze mu było samemu z mamą i tatą. Miał osobny pokój wyłącznie dla siebie. Rodzice poświęcali uwagę tylko jemu. Bał się, że gdy zajmą się maluchem, przestaną go kochać. Zerwał się od stolika i wybiegł z kuchni. Usiadł na tapczaniku i patrzył po pokoju, w którym już wkrótce stanie łóżeczko jakiegoś nieznośnego malca.

Niedługo potem do pokoju przyszedł tata.

– Nie ucieszyłeś się z nowiny.

Maciek naburmuszył się jeszcze bardziej i odwrócił do taty plecami.

– A przecież lubisz ciocię Martę i wujka Zbyszka. Gdybyśmy z mamą nie mieli rodzeństwa, ciocia i wujek nie byliby twoimi rodzicami chrzestnymi. Nie znałbyś: Franka, Jasia, Zosi i Marysi. Pomyśl, może warto się trochę pomęczyć? I ja, i mama mamy rodzeństwo. Wiemy, że to wielka frajda. Oczywiście, kłopoty również, ale brat albo siostra to zawsze twój najbliższy przyjaciel. Zastanów się. Więc jak, jedziemy?

Nieprzekonany Maciek wstał i ruszył do przedpokoju. Kiedy zakładał buty, rzucił okiem na mamę, wciąż siedzącą przy kuchennym stole. Była smutna. Czyżby przez niego? Podbiegł i się przytulił.

– Jakoś damy radę! – pocieszył ją.

W samochodzie wypatrywał rzeki, a kiedy już ją minęli, czekał na wiadukt. Wkrótce zobaczył zieleń osiedla.

– Ciekawe, czy spotkamy dziś pana Rożka? – zapytał po dłuższej chwili milczenia.

– Mam nadzieję! – Tata uśmiechnął się i puścił oko.

Ale przecież nie po to tu przyjechali. Na pustej działce, którą odwiedzili poprzednim razem, rozpoczynała się właśnie budowa domu. Ich domu! Tata był bardzo podekscytowany. Wcześniej mama pokazywała Maćkowi obrazki i plany, więc teraz już wiedział, jak będzie wyglądał ten dom. Na razie jednak nic się nie zmieniło. Działki nawet nie ogrodzono.

Przyjechali jacyś ludzie i tata zajął się omawianiem ważnych spraw, a Maciek biegał wokół sam, udając, że świetnie się bawi. Nasłuchiwał, ale znikąd nie dobiegał dźwięk samochodu pana Rożka. Usiadł smętnie na kamieniu i podparł brodę dłońmi. Nudził się. Zaczynał żałować, że nie został z mamą.

W końcu jednak tata załatwił wszystkie sprawy i mogli wracać. Wyglądało na to, że nie spotkają dziś pana Rożka. Maciek czuł się bardzo zawiedziony. Tata jednak pokrążył trochę po osiedlu i przy placu zabaw, tuż obok sklepu spożywczego, zobaczyli żółtą furgonetkę oraz uśmiechniętego pana Rożka sprzedającego swoje smakołyki.

Tym razem Maciek wiedział, co chce:

– Poproszę rożka o smaku baśni! – wykrzyknął uradowany, a pan Rożek wsunął dłoń do pudełka. Z tajemniczą miną podał chłopcu loda i zaczął opowieść.

Albertyna ratuje Układankę

Była noc. Przez lekko uchylone zasłony do mieszkania zajrzał księżyc. Najpierw zobaczył dywan, na którym spały zabawki: kolorowa piłka, drewniany pociąg, lalka Flora, pajacyk Arlekin oraz ich przyjaciele, Albertyna – jednoucha świnka – i bezimienny Miś. Potem księżyc rzucił okiem na dziecięce łóżeczka.

Pod kolorowymi kołderkami spali, zmęczeni całodzienną zabawą, chłopiec i dziewczynka. Cicho pochrapywali, a ich buzie raz po raz rozjaśniały się w uśmiechu, a bo nawet we śnie dzieci były zadowolone i szczęśliwe. Tymczasem zabawki nie mogły zasnąć. Kręciły się niespokojnie i szeptały.

– Mam dreszcze! – narzekała Flora i przysunąwszy się bliżej do Arlekina, wtuliła w jego ramię. Ale nic to nie dało, bo choć Arlekin objął ją swymi drewnianymi rękoma, Florze wciąż było zimno i niewygodnie. – Jesteś kanciasty! – narzekała. – Dlaczego nie położyli mnie do łóżeczka?! – powiedziała ze złością o dzieciach. – Dlaczego zawsze muszę przez całą noc marznąć na środku pokoju? Przecież mam swoje mieszkanko, o tam! – Trzęsącą się dłonią wskazała stojący pod ścianą domek dla lalek.

– Przecież nigdy nie odkładają nas na miejsce. Zawsze bawią się do ostatniej chwili, a potem już pora na kolację, bajkę i kąpiel – wysapał Miś, który leżał przekrzywiony, ledwie opierając się o regał z książkami. On również nie mógł zasnąć.

– No właśnie! – zamruczała świnka. – Po kąpieli muszą się szybko położyć, mama czyta im bajkę, a potem gasi światło i wychodzi, więc nawet jeśli dzieci chciałyby posprzątać pokój, to nie mogą.

– Nie usprawiedliwiaj ich! – oburzyła się Flora. – Zawsze je usprawiedliwiasz! Kładą mnie w moim łóżeczku, kiedy absolutnie nie chce mi się spać, w środku dnia albo po południu. Czy ja jestem dzieckiem, żeby spać po południu?! A teraz, w nocy, kiedy chciałabym odpocząć, muszę marznąć na podłodze. Po co mi domek, skoro i tak nigdy mnie tam nie ma?! – Urażona pociągnęła nosem.

– Ciesz się, że nie kopnęli cię pod łóżko! – filozoficznie wysapał Miś.

Księżyc schował się za chmurą. W pokoju pociemniało i zabawki ucichły. Przez dłuższą chwilę rozlegały się tylko spokojne oddechy dzieci. Ale ktoś czujny zdołałby jeszcze usłyszeć stłumione westchnienie.

– Co to? – zapytała lalka, która zdołała się jednak zdrzemnąć na niewygodnym drewnianym ramieniu Arlekina.

– Co? – wyszeptał Miś.

– Słyszycie? Deszcz pada.

– Nieee – wysapała świnka.

– Ćśśś! – syknął Arlekin.

Wszyscy wstrzymali oddechy. Przez chwilę w pokoju było zupełnie cicho i w tej ciszy raz i drugi dobiegł ich odgłos, jaki wydają krople deszczu uderzające o parapet. Miś spojrzał na szybę.

– Nie pada.

– A jednak słyszę! – upierała się Flora, która zawsze lubiła mieć rację. – Coś kapie.

– Może w łazience? – zastanawiał się Arlekin.

Znów zamilkli, ale kapanie ustało.

– Wydawało ci się – z ulgą powiedziała świnka.

Już raz dzieci wykąpały ją w wannie. Było to bardzo nieprzyjemne. Do tej pory czuła w ryjku gorzki smak mydlin. Potem długo odbijało jej się bańkami, bulgotało w brzuchu, ociekała wodą i wszędzie zostawiała po sobie kałużę. Wreszcie komuś zaświtało w głowie, aby powiesić ją na sznurze do suszenia bielizny. Biedna Albertyna tkwiła tam przez całe trzy dni! Bolało ją ściśnięte plastikowym spinaczem ucho, kręciło jej się w głowie. Gdy tylko niechcący spoglądała w dół, ogarniał ją lęk, że zaraz spadnie i się potłucze, a przede wszystkim zabrudzi w piasku – i cała nieprzyjemna przygoda z praniem rozpocznie się na nowo! Tak długo o tym myślała, aż wreszcie naprawdę spadła. Ale jej ucho zostało, przypięte do sznura. Nikt go nie przyszył, a potem gdzieś się zgubiło. Od tamtej pory Albertyna nie miała ucha, panicznie bała się wody, sznura, kapania, łazienki, wysokości i spinaczy do bielizny.

Właściwie bała się wszystkiego. Z tego powodu naprawdę ją ucieszyło to, że żadna więcej kropla nie zadźwięczała na podłodze. Zabawki poczęły z wolna odpływać ku baśniowej krainie snu. Albertyna jednak nadal czuwała. Dlatego tylko ona usłyszała cichy, niemal bezgłośny szloch. Zmarszczywszy czoło, skupiła się. Tak, nie było wątpliwości! Od strony łóżka dochodził płacz!

Świnki to nie zdziwiło. Wiedziała od dawna, że kryje się tam Ciemność – straszny potwór, gotowy

pożreć każdą zbłąkaną zabawkę. Trafić pod łóżko było jeszcze gorzej, niż wisieć na sznurku albo być wykąpanym.

Przyjaciele Albertyny panicznie się bali, że któreś z nich mogłoby, choćby niechcący, zostać rzucone przez dzieci w głodną paszczę Ciemności. Dlatego wszyscy udawali, że pod łóżkiem nic nie ma. Nigdy, nawet w najdłuższe wieczory, nie rozmawiano, jak uciec, gdyby ktoś jednak trafił w to przerażające miejsce. Nie lubiano tu przykrych rozmów, trudne tematy były takie nudne i męczące! Jeśli któraś zabawka nagle znikała, pozostałe starały się szybko o niej zapomnieć. Tłumaczyły sobie, że jeśli ich towarzyszka rzeczywiście znalazła się pod łóżkiem, widać była sama sobie winna. Zresztą nie znały nikogo, kto stamtąd powrócił, o czym więc miały rozmawiać? Ciemność była końcem każdej zabawy.

Czy to przez księżyc, który znów oświetlił dywan, uśmiechając się złośliwie zza szyby i kłując ją w oczy, czy też na wspomnienie pewnej miłej chwili dawno, dawno temu, kiedy chłopiec, tuląc ją, uczył się pierwszych liter, Albertynie całkowicie przeszła ochota na sen.

Siedzieli sobie wtedy na kanapie ona, mama i chłopiec. Mama pokazywała synkowi litery na okrągłej plastikowej tablicy-układance. On je przesuwał i tworzył wyrazy, głośno się przy tym śmiejąc, a mama całowała go w głowę za każdym razem, kiedy mu się udało.

Teraz chłopiec chodził do szkoły i znał wszystkie literki. Potrafił już pisać w zeszycie i nie potrzebował Układanki. Ale jego młodsza siostra właśnie skończyła pięć lat, oglądała już książeczki i nauczyła się kilku słów, na przykład: „KOT, MAMA, DOM". Ostatnio nawet szukała Układanki na półce z zabawkami i we wszystkich koszach, by pochwalić się swoimi umiejętnościami, ale nigdzie jej nie znalazła.

Albertyna uwielbiała, gdy przytulały ją dzieci, ale jeszcze bardziej lubiła poznawać nowe słowa. Siedziała na kanapie obok mamy i czuła się ważna, a potem opowiadała o tym innym zabawkom. Bo, jak każda świnka, była bardzo inteligentna. Zapragnęła znów uczyć się słów w objęciach dziewczynki.

Ale Albertyna sama nie wiedziała, gdzie jest Układanka. Chłopiec mógł ją wynieść do szkoły albo zostawić w ogrodzie, albo w sypialni rodziców, a tam śwince nie wolno było chodzić. Gdyby się zapuściła aż tak daleko, mogłaby nie znaleźć drogi powrotnej do dziecięcego pokoju.

Kiedy myślała o tym wszystkim, znów usłyszała cichy jęk. Jakby ktoś długo, długo płakał, a potem coś w jego wnętrzu się wstrząsało. Nadstawiła ucha. Odgłos wyraźnie dochodził spod łóżka. Czyżby to Ciemność?

Nie, to niemożliwe! Ciemność jest duża i silna. A duzi i silni nie płaczą. Płaczą tylko mali i słabi. I ci, którzy się boją. Ciemność na pewno nie boi się niczego. To inni się jej boją.

O tym myślała Albertyna, kiedy znów usłyszała szloch.

– Ktoś ty? – zapytała drżącym ze strachu głosem, przekonana, że potężnym rykiem odpowie jej sama Ciemność. Może nawet wysunie spod łóżka swoje kosmate macki? To mógł być koniec Albertyny.

Ale do ucha świnki dobiegł tylko cichy szept:

– To ja…

– Czyli kto?

– Układanka.

Świnkę bardzo poruszyła ta odpowiedź. Odnalazła zaginioną! Ileż będzie radości, kiedy dziewczynka po przebudzeniu zobaczy na łóżku Układankę gotową do wspólnej zabawy. Znów usiądą z mamą na kanapie, będą tworzyć wyrazy i bawić się tak samo jak dawniej!

Radość nie trwała jednak długo. Układanka tkwiła przecież w brzuchu potwora i ktoś tak mały i słaby jak pluszowa świnka na pewno nie mógł jej uwolnić.

– Co tam robisz? – wyszeptała jak najciszej.

– Czekam.

– Na co? – Albertyna przeraziła się, że zaraz usłyszy coś strasznego.

– Nie wiem – odparła Układanka. Nie płakała, ale głos jeszcze jej drżał.

– Boisz się?

– Już nie. Nie można się bać przez cały czas.

– To ona nie pożera zabawek? – zapytała wreszcie Albertyna, niczego nie rozumiejąc.

– Kto?

– Ciemność.

– Pożera, ale nie całkiem – Układanka odpowiedziała spokojnie. W jej głosie słychać było zmęczenie.

Świnka zapragnęła jakoś ją pocieszyć.

– Wiesz, że dziewczynka dorosła? Już poznała kilka liter!

Ta wiadomość nie zrobiła na Układance wrażenia.

– Naprawdę? – spytała uprzejmie, jakby to jej zupełnie nie obchodziło. Śwince zrobiło się przykro.

– Wszyscy cię szukali – powiedziała, by zmieć temat.

– Szkoda, że nikt tu nie zajrzał. – Układanka westchnęła z wyrzutem.

– Pewnie się bali.

– Tu nie jest aż tak strasznie, jak myślicie. Zrozumiałam to dopiero teraz. Jest strasznie, smutno, czas się wlecze w nieskończoność i nie ma się z kim bawić, ale do wszystkiego można w końcu przywyknąć. Nawet do życia w ciemności – tłumaczyła.

Albertyna zupełnie nie potrafiła tego pojąć.

– Czy ty… – Umilkła, przestraszywszy się swych myśli. – Powiedz, czy mogłabyś stamtąd wyjść? – dokończyła.

Nie spodziewała się jednak, jak zaskakująca będzie odpowiedź:

– A po co? – wyszeptała Układanka.

– To znaczy: mogłabyś? Nie siedzisz w jej brzuchu? – gorączkowała się świnka, robiąc mały, maleńki kroczek w kierunku łóżka.

– Przecież mnie słyszysz.

Tak, to było przekonujące. Skoro Układanka się odzywała, to na pewno żyła. Tylko dlaczego nie próbowała uciec? Nie chciała wrócić znów na dywan, do swoich przyjaciół i do dzieci? Może potrzebuje pomocy? Świnka, wciąż lękliwie, postąpiła kolejny mały kroczek i schowawszy się za plecami śpiącego Arlekina, próbowała przeniknąć spojrzeniem mrok.

– Nie widzę cię.

– Bo jestem przy samej ścianie.

– Nie wolisz do nas wrócić?

– E tam – zimno powiedziała Układanka. – Nikt na mnie nie czeka…

– Jak to nikt? A ja? A dziewczynka? A mama? Nie chciałabyś znów pokazywać magicznych słów?

Układanka zamilkła. Może marzyła, aby znów było jak dawniej, tylko się do tego nie przyznawała?

– Przyzwyczaiłam się – znów rzuciła chłodno.

– Do czego?

– Do kurzu, do pająków, zepsutych zabawek. Mamy tu swój świat.

– Już nie chcesz uczyć dzieci? Przecież to była twoja misja! – przekonywała ją Albertyna. – Uwielbiałaś to robić, zawsze podsuwałaś chłopcu odpowiednią literę, a kiedy tworzył wyraz, pękałaś z dumy! Pamiętasz, jak mama w nagrodę całowała go za każde słowo?

– Pamiętam.

– I wolisz tam siedzieć bezczynnie? Przecież tyle jest jeszcze przed nami! Teraz dziewczynka uczy się liter, znów miałabyś mnóstwo roboty.

– Nic nie rozumiesz! – burknęła Układanka.

Świnka poczuła się dotknięta.

– Skoro Ciemność nie jest potworem pożerającym zabawki, jak do tej pory wszyscy sądziliśmy, skoro tu, na dywanie, ktoś na ciebie czeka, powinnaś chyba wrócić?

– To nie takie proste. Gdybyś mnie zobaczyła, zrozumiałabyś: nie jestem już taka jak dawniej.

Świnka się rozpogodziła. Nareszcie pojęła!

– Spokojnie, każdemu z nas coś się przydarzyło! Ja na przykład nie mam lewego ucha, wiesz? Początkowo nie mogłam się przyzwyczaić, ale Arlekin bardzo mądrze poradził, żebym po prostu nie patrzyła w lustro. Nie można wciąż rozpamiętywać tego, co nas boli. Flora ma splątane włosy, Miś wciąż się nie doczekał imienia, ale nie tracą humoru! Przecież nie przestaniemy ich lubić. Każdy z nas jest trochę… zepsuty.

– Tylko że ja jestem zepsuta całkiem. Całkiem, rozumiesz?! Nie nadaję się już do niczego. Przez ten czas kilka liter mnie opuściło. Wałęsają się, nie wiadomo gdzie, a ja nie potrafię ich odnaleźć!

Świnka nie potrafiła znaleźć żadnej sensownej odpowiedzi. Siedziała zamyślona, wyczerpana namawianiem Układanki do wyjścia z mroku. Nie udało się, trudno. Dziewczynka będzie musiała jakoś inaczej nauczyć się słów. Wreszcie Albertyna poczuła senność. Dokonała dziś wielkiego odkrycia i rano podzieli się z resztą zabawek nowiną: Ciemność jest zła, ale nie tak straszna, jak wszyscy sądzili.

Świnka ułożyła się na dywanie i zamknęła oczy. Zrobiło jej się słodko i lekko, poczuła, że na paluszkach nadchodzi sen. Westchnęła, gotowa podążyć za nim. I wtedy poczuła szarpnięcie.

– Co… Co to? – Poderwała się zaskoczona.

Gdy jej oczy znów przywykły do ciemności, zupełnie niespodziewanie dostrzegła Układankę! Była zakurzona i rzeczywiście brakowało jej kilku liter. Uśmiechała się niepewnie, jakby oczekując akceptacji.

– O rety! Skąd się tu wzięłaś? – Albertyna miała chęć krzyknąć, urado-
wana, ale tylko szeptała, by nie budzić innych.

– Widzisz, jak wyglądam? – ponuro stwierdziła Układanka. – Nie jestem
już sobą. Nie umiem tyle, co kiedyś. Brakuje mi wielu liter. Kto się będzie
chciał uczyć na popsutej układance?

– Ja! – odważnie zadeklarowała Albertynka, dzielnie walcząc z senno-
ścią. – Możesz zacząć od zaraz. Zrobimy próbę, chcesz?

– E tam, to na nic…

– Dlaczego? Spróbuj chociaż! Zawsze możesz wrócić do tej swojej nory,
nie powiem nikomu. Ale pamiętaj, jeśli mi się uda, zostajesz tu razem
z nami i będziesz uczyła dziewczynkę tylu słów, ilu zdołasz, zrozumiano?

– Dobrze. Ułóż słowo… Ułóż słowo… Nie wiem, ułóż: „ciemność".

To było bardzo trudne. Zmartwiona świnka podniosła wzrok na Układankę. Księżyc przypatrywał się im ciekawie – widocznie we wszystkich innych oknach ludzie oraz zabawki już dawno spali. Oświetlił więc jasno okrągłą buzię Układanki, która z ufnością spoglądała w oczy Albertyny.

Ta zmarszczyła ryjek zmartwiona. Niestety, Układanka mówiła prawdę. Brakowało wielu liter. Jakim sposobem dziewczynka ma nauczyć się wyrazów, jeśli zginęło aż tyle? Świnka już chciała się poddać, kiedy nagle księżyc swym świetlistym paluszkiem wskazał jej rozwiązanie. Albertynka szybko ułożyła litery we właściwej kolejności.

„M-R-O-K".

– Mrok? To nie to samo! – fuknęła Układanka.

– Ale prawie. Często słowa brzmią inaczej, a znaczą prawie to samo, prawda? Dlatego uważam, że „mrok" pasuje. Może być?

– Sprytne, przechytrzyłaś mnie! Ale za drugim razem już ci się nie uda.

– Założymy się?

Zachwycona swymi zdolnościami, świnka kiwnęła głową.

– Napisz: „świnka" – usłyszała.

Albertynka z werwą przystąpiła do pracy. Niestety, na tablicy znów brakowało odpowiednich liter.

– Do czego ty mnie zmuszasz! – mruknęła. – Nie lubię tego słowa! Nigdy go nie używam! – dodała i z ociąganiem napisała: „P-R-O-S-I-Ę", czym do łez rozśmieszyła Układankę.

– Spróbujemy jeszcze raz? Zgódź się, błagam! Zaczynam wierzyć, że mi się uda! Że nie będę musiała wracać pod łóżko, że jeszcze się komuś na coś przydam!

– No dobra… – zgodziła się zmęczona świnka i ziewnęła.

Wolałaby zaczekać z resztą eksperymentu do rana, kiedy odpocznie. Teraz, w środku nocy, trudno jej się myślało, ale nigdy nie potrafiła odmawiać. Zresztą Układanka patrzyła tak błagalnie, że świnka ten ostatni raz zgodziła się spełnić jej prośbę.

– Co mam napisać?

– Napisz: „przyjaźń".

Znów brakowało liter i Albertynka uznała, że to zadanie jest najtrudniejsze ze wszystkich. Długo myślała nad słowem, które udowodniłoby Układance, że może być jeszcze przydatna. Niestety, śwince nic nie przychodziło do głowy.

– Poddaję się – westchnęła zasmucona i ziewnęła. – Za bardzo chce mi się spać. Odłóżmy trzecią próbę do jutra…

Tym razem jednak to Układanka nie chciała zakończyć zabawy. Uśmiechnąwszy się tajemniczo, wysunęła pięć liter. Stworzyła z nich trzy wyrazy:

„T-Y I J-A".

– To było bardzo trudne. Ale chyba może tak zostać?

Świnka przypatrywała się jej z otwartym ryjkiem.

– Naprawdę? Naprawdę tak uważasz? Myślisz, że „ty i ja" znaczy przyjaźń? Chcesz zostać moją przyjaciółką? – Westchnęła i podskoczyła z radości.

– To ty jesteś moją przyjaciółką, zrobiłaś dla mnie tak wiele. Dzięki tobie chce mi się znów żyć. Ale teraz się prześpijmy. Jutro czeka nas wielki dzień.

Za oknem wstawał już świt i kiedy słońce zajrzało do dziecięcego pokoju, aby połaskotać po buziach chłopca i dziewczynkę, zobaczyło różową pluszową świnkę bez jednego ucha obejmującą raciczkami uśmiechniętą Układankę, na której wciąż widniały trzy wyrazy: „ty", „i" oraz „ja".

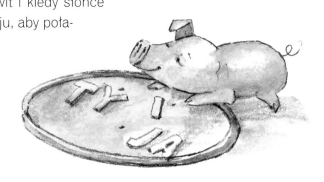

– Ja też już znam niektóre litery! – pochwalił się Maciek. – I niedługo pójdę do szkoły!

– Układanie słów to wielkie czary. Warto się tego nauczyć.

– Pan umie czarować słowami.

– Tak tylko próbuję.

– Bardzo lubię pana baśnie. Kiedy zamieszkamy w nowym domu, codziennie będę przychodził po rożka.

– Proszę bardzo, ale czy wtedy nie będziesz już sam umiał czytać?

– Nie wiem, może?

– Jeśli ktoś umie czytać, to tak, jakby posiadał klucze do ogromnego skarbca, w którym złożono wszystkie baśnie.

– A pan ma taki klucz?

– Każdy go ma, tylko nie wszyscy z niego korzystają.

– Ja na pewno będę! – powiedział stanowczo Maciuś, pomachał lodziarzowi na pożegnanie i wskoczył do samochodu. Bardzo chciał jak najszybciej opowiedzieć mamie nową baśń pana Rożka.

Wycieczka trzecia

Powoli kończyło się lato. Dom rodziny Maćka rósł z każdym dniem. Teraz jeździli na osiedle niemal co sobotę. Tata zajęty był doglądaniem budowy, a Maciek brał ze sobą piłkę albo książkę i zawsze czekał na pana Rożka, aby pochwalić się umiejętnościami. Ale jakoś nie miał szczęścia. Zresztą nie myślał już o panu Rożku tak często, bo poznał Elę.

Ela mieszkała naprzeciwko. Przyszła pewnego dnia po tym, jak zobaczyła przez okno Maćka biegającego po placu budowy. Miała sześć lat, jasne włosy i śmieszne dołeczki w policzkach.

– Jeśli chcesz, to możemy się pobawić – zaproponowała od razu.

Nieco zdziwiony, Maciek popatrzył na nią.

– Ale w co?

– Nie wiem, może pogramy w piłkę? W ogrodzie mam huśtawkę. Jest też domek na drzewie. Zapytaj tatę, czy pozwoli ci go zobaczyć.

Tata się zgodził i Maciek pobiegł obejrzeć domek, w którym Ela bawiła się w księżniczkę.

– To mój czarnoksięski pałac.

– Bardzo ładny – przyznał Maciek. Też chciałby mieć taki domek. Postanowił, że musi poprosić o niego tatę. Tylko że na ich działce nie było żadnego dużego drzewa.

– Możesz
tu przychodzić,
kiedy zechcesz –
zaoferowała się Ela.

– Na razie jeszcze mieszkamy
w mieście.

– To kiedy się przeprowadzicie, zapraszam.

Maciek bardzo przyjemnie spędził czas z Elą. Nawet
trochę niezadowolony przyjął wiadomość, że czas wracać,
jednak nie było wyjścia. W drodze powrotnej był tak pochło-
nięty myślami o domku na drzewie i nowej znajomości, że nie
rozglądał się za samochodem pana Rożka.

Przyszła jesień i Maćkowi urodził się brat! Było trochę
zamieszania, ale chłopiec polubił małą kuleczkę

zawiniętą w kolorowy kocyk. Czasem stawał przy łóżeczku i opowiadał
maluchowi baśnie, które właśnie przeczytał. Ten patrzył na niego szeroko
otwartymi oczyma i gaworzył coś w swoim niezrozumiałym języku.

W oczekiwaniu na wiosnę, lato i przenosiny do nowego domu dni mijały jeden za drugim. A jesienią Maciek miał rozpocząć naukę w szkole. Tyle
się działo tego roku!

Dzień przeprowadzki był piękny i słoneczny. Panowie z firmy transpor-
towej rozładowywali właśnie dwa samochody ciężarowe wypełnione wie-

loma pudłami, pudełkami i pudełeczkami, a Maciek biegał tam i z powrotem, chcąc pomóc. Jednak dorośli przeganiali go, twierdząc, że przeszkadza. Na szczęście w furtce po drugiej stronie ulicy stanęła Ela i zawołała:

— Moja mama zaprasza cię na maliny!

Rodzice pozwolili mu odwiedzić koleżankę. Kiedy tak siedzieli w domku na drzewie i patrzyli na świat z wysoka, Maciek dowiedział się, że Ela jest zapisana do tej samej klasy co on.

— Fajnie! Możemy usiąść w jednej ławce. Chciałabyś?

— Pewnie.

Kiedy kończyli jeść maliny, dłonie i buzie mieli umorusane na czerwono. Nie chciało im się schodzić i gdyby nie usłyszeli dźwięku furgonetki pana Rożka, brudne ręce i twarze pewnie by im nie przeszkadzały. Chcieli jednak koniecznie usłyszeć nową baśń, pobiegli się więc umyć i poprosić rodziców o drobne. Już wiedzieli, jak zamówić loda, aby zakupowi towarzyszyła piękna opowieść.

Baśń o Rudowłosej

Żyła kiedyś rudowłosa dzieweczka o pięknych zielonych oczach. Oczywiście nie wiedziała, jak jest śliczna. Gdyby wiedziała, byłaby pewnie jedną z wielu, znudzoną powodzeniem księżniczką. Ale ona sądziła, że jest nieładna. Z tego powodu czuła się bardzo nieszczęśliwa i nie opuszczała zbudowanego na wysokiej szklanej górze zamku ojca księcia. Nie podchodziła nawet do okna w obawie, że ktoś mógłby ją zobaczyć, taką brzydulę. Bo uważała się za brzydką. Brzydką i głupią. Myślała, że kiedy inni poznają, jaka jest naprawdę, będą się naśmiewać, pokazywać ją palcami i szydzić. Ludzie powinni być przecież piękni i dobrzy. Sądziła, że sama taka nie jest, i ciągle się wszystkim przejmowała. Martwiło ją, gdy chmura zakryła słońce, w dalekim kraju wybuchła wojna, a mały ptaszek złamał skrzydło. Siedziała w kąciku swego pokoju, którego okno wychodziło na drogę, nuciła pod nosem, a w wolnych chwilach obgryzała paznokcie.

Pewnego dnia obok pałacu przejeżdżał piękny rycerz z odległych stron. Rudowłosa ukradkiem na niego zerknęła. Promień słońca padł na lusterko, które trzymała w dłoni, i na chwilę oślepił przybysza, gdy ten spojrzał w kierunku okna. Wtedy Rudowłosa zobaczyła jego twarz. Chwila wystarczyła, aby skradł serce dziewczyny. Ale rycerz nawet nie widział księżniczki, bo jak zawsze kryła się w cieniu. Odjechał więc piękny młodzian na drugi koniec świata, by zabić ostatniego żywego smoka i okryć się chwałą, a ona została z bolesną raną i tęsknotą za ukochanym.

Dookoła szklanej góry rozciągały się zielone łąki. Młody pasterz codziennie przyganiał tu swoje owce. Rudowłosa często się im przyglądała. Były jak chmurki odpoczywające w trawie. Nie zwróciła jednak nigdy uwagi na pasterza. Nie wiedzieli o swoim istnieniu. On był dla niej tylko dużym czarnym kapeluszem zgubionym przez kogoś na łące. Ona dla niego – tęskną piosenką, spływającą po murach wieży i budzącą jego serce z uśpienia.

Mijały dni, tygodnie i miesiące. Pasterz znalazł kiedyś w trawie złotą, połyskującą na słońcu nić. Schował ją głęboko do kieszeni, owiniętą liściem chrzanu. Nie wiedział, że to włos księżniczki. Od tej pory zawsze dokładnie patrzył pod nogi i wkrótce znalazł jeszcze dwie takie same nici. Były tak piękne, szczerozłote, stanowiły niemal cały jego majątek. Aby się z nimi nie rozstawać, zaszył je w poły kubraka.

Pewnego dnia na zamku ogłoszono turniej rycerski. Nagrodą dla zwycięzcy było poślubienie jednej z trzech córek księcia. Rudowłosa miała bowiem dwie siostry: starszą, brunetkę, oraz średnią – blondynkę.

Niespodziewanie na zamku pojawił się piękny rycerz, który skradł serce Rudowłosej. Pokonał ostatniego smoka i wrócił z końca świata, by wziąć udział w turnieju. Rudowłosa zobaczyła go, gdy dumnie siedział na swym koniu. Podziwiała lśniącą zbroję i długą kopię. Ogarnął ją strach, że coś złego stanie się podczas potyczek – broń jej ukochanego pęknie albo inny rycerz pozbawi go życia. Zamartwiała się długo, jednak piękny rycerz zwyciężył.

Na zamku nastąpiły dni zabaw i radości. Książę wyprawił ucztę, by ogłosić wybór najwaleczniejszego z rycerzy. Rudowłosa z drżeniem serca czekała na werdykt, a dzielny młodzieniec jednym słowem wbił miecz w jej serce. Jego wybranką została siostra Rudowłosej – blondynka.

Od tego wydarzenia nieszczęśliwa dziewczyna postanowiła już nigdy nie opuszczać wieży. Zamknęła się tam, by opłakiwać miłość, którą utraciła na zawsze. Pasterz od razu wyczuł rozpacz dziewczyny, bo następnego ranka z wieży spływał nie łagodny strumień tęsknej melodii, lecz potok smutnych nut. Księżniczka śpiewała, płacząc. Pasterz zebrał rozsypane w trawie kryształowe koraliki łez, a potem nawlekł je na złote nitki, tworząc piękny naszyjnik, który mienił się w słońcu wszystkimi kolorami tęczy. Pasterz lubił przysiadać w trawie i słuchając głosu księżniczki, cieszyć oczy

połyskującymi koralikami. Marzył, że zawiesi je kiedyś na szyi swej ukochanej.

Aż któregoś dnia śpiew płynący z wieży całkiem umilkł. Pasterz przez cały dzień przyglądał się oknu. Wkrótce ogłoszono, że rudowłosa księżniczka jest bardzo chora. Żaden z medyków nie znał przyczyny jej cierpienia i nie potrafił wskazać lekarstwa. Pasterz udał się na zamek i poprosił o posłuchanie. Za przywilej zobaczenia Rudowłosej ofiarowywał przepiękny kryształowy naszyjnik. Książę wyraził zgodę.

Pasterz wspiął się po krętych schodkach wieży, nacisnął klamkę i wszedł do komnaty. Rudowłosa leżała na łóżku blada, nieruchoma. Wydawało się, że śpi. Pasterz usiadł przy niej i wyjął z kieszeni kubraka fujarkę. Nie używał jej od bardzo dawna, od kiedy usłyszał po raz pierwszy głos księżniczki. Cichutko zagrał piosenkę, którą Rudowłosa śpiewała, zanim piękny rycerz poślubił jej siostrę. Po kilku minutach księżniczka się ocknęła. Spojrzała na pasterza.

– Kim jesteś? – zapytała.

– Jestem tylko czarnym kapeluszem wędrującym po zielonej łące pośród kłębiastych chmurek, moich owiec. Przyniosłem ci prezent – powiedział i wyjął z kieszeni kryształowy naszyjnik na złotej nici.

Rudowłosa spojrzała na dar. Przez okno wpadł akurat promień słońca i obudził w kryształkach wszystkie kolory tęczy. Rudowłosa przyjrzała się pasterzowi.

– Więc jesteś tym czarnym kapeluszem? Nie wiedziałam, że ktoś się pod nim ukrywa.

– A ty tym tęsknym głosem z wieży? Nie wiedziałem, że jesteś taka piękna.

– Nie jestem piękna. Rycerz wybrał moją siostrę.

– Rycerze są ślepcami. Mają wzrok zepsuty przez siarkę z oddechu smoków. Ich serca są twarde jak kamień. Nie żałuj rycerza, ja pokocham cię na

zawsze. Od tej pory będę czekał pod twoją wieżą, aż dla mnie zaśpiewasz. Jestem tylko biednym pasterzem i nie mogę prosić o twą rękę. Ale gdy wyjrzysz przez okno, zobaczysz mnie tam, na łące, i jeśli zechcesz, możesz zejść. Za łąką płynie rzeka, a na jej drugim brzegu rośnie las.

– Nigdy go nie widziałam – westchnęła Rudowłosa.

– Będę na ciebie czekał – powtórzył pasterz i odszedł, by wrócić na łąkę, do swych owiec, a księżniczka została z naszyjnikiem w dłoni. Promienie słońca wpadały do komnaty i podskakiwały na kryształach, a potem tańczyły na podłodze i suficie.

Pan Rożek przerwał.

– I co było dalej? – niecierpliwiła się Ela. – Spotkali się?

– Wyzdrowiała? – zapytał z nadzieją Maciek.

– Tak, kolorowe blaski rzucane przez paciorki obudziły w niej ochotę, aby wyjrzeć przez okno. Ale leżąc, niczego nie mogła zobaczyć. Poprosiła o bulion, bo po wielu dniach postu nie miała zupełnie sił. Zjadła zupę i zapadła w długi sen. Śnił jej się piękny rycerz, który jechał traktem, a jego zbroja lśniła w słońcu. Potem przyśnił jej się pasterz, w swym czarnym kapeluszu spacerujący po łące. Usłyszała fujarkę – wygrywała rzewną melodię.

Wstała z nową tęsknotą w sercu. Zapragnęła zejść z wieży i stanąć na łące, dotknąć miękkiej wełny owiec i wziąć za rękę pasterza. Nie myślała już o swoim zmartwieniu, nie chciała umrzeć z powodu pięknego rycerza. Po trzech dniach podeszła wreszcie do okna. Na łące nie zauważyła pasterza, ale kiedy zaczęła cicho nucić swoją piosenkę, pojawił się najpierw jeden, potem drugi biały kłębuszek, potem jeszcze kilka, aż wreszcie Rudowłosa usłyszała melodię dobiegającą spod czarnego kapelusza.

Pasterz spojrzał na księżniczkę i do niej pomachał, Rudowłosa uśmiechnęła się i wychyliła przez okno. Promień słońca skorzystał z okazji i czym prędzej skradł jej pocałunek. Zostawił na policzku dziewczyny maleńką beżową plamkę. Ale Rudowłosa się tym nie przejęła. Nie musiała już patrzeć w lusterko. Wiedziała, że ktoś na nią czeka.

Zbiegła po schodach, przemknęła między strażami i wielką paradną bramą wyszła z zamku. Przy trakcie czekał już na nią pasterz. Wziął ją za

rękę i ruszyli ku łące. Długo wędrowali, aż dotarli nad rzekę. Tam usiedli, Rudowłosa położyła głowę na ramieniu towarzysza.

– Tu jest tak pięknie! – westchnęła. – Nie wiem, czemu wcześniej tego nie widziałam. Wyjęła z kieszeni kryształowe paciorki nawleczone na złotą nić i zawiesiła sobie na szyi.

Pasterz uśmiechnął się smutno i nieśmiałym głosem zapytał:

– Czy zejdziesz tu jeszcze do mnie kiedyś?

– Tak, przecież uleczyłeś mnie ze smutku.

– Chciałbym, żebyś zawsze była radosna – powiedział i podniósł do ust fujarkę. Melodia popłynęła wraz z nurtem rzeki. Woda niosła ją daleko, do odległych krain, a kto usłyszał skoczne nutki, zaraz zaczynał się uśmiechać.

– Jesteś lekarzem dusz – wyszeptała Rudowłosa, a z jej oczu popłynęły łzy szczęścia.

– Nie ja, to moja muzyka – odpart skromnie. – To ona leczy dusze.

W nagrodę za uzdrowienie Rudowłosej stary książę nadał pasterzowi tytuł Nadwornego Lekarza Dusz i zamówił u niego wiązankę radosnych melodii. Pasterz podróżował po wielu królestwach i leczył nimi smutnych ludzi. Razem z nim jeździła jego żona, Rudowłosa. Byli bardzo szczęśliwi.

Zbudowali nad rzeką mały dom i często spacerowali łąką ze swoimi owcami.

– Ale nie mieli domku na drzewie! – powiedział z westchnieniem Maciek. – A my mamy! To znaczy ty masz – dodał szybko i spojrzał na Elę.

– Tylko że samej nie jest w nim tak wesoło. Lubię, kiedy przychodzisz.

– Od dzisiaj mogę przychodzić codziennie.

– Na mnie już czas, dzieciaki. Biegnijcie do domów! – Pan Rożek uśmiechnął się i wsiadł do furgonetki.

Chwilę później rozbrzmiał radosny dźwięk, zapowiadający przybycie jedynego w świecie lodziarza, który sprzedaje rożki o smaku baśni.

Jeśli kiedyś będziecie w tej okolicy, musicie ich koniecznie spróbować!

Do zobaczenia!

Spis treści

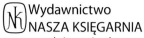Wydawnictwo
NASZA KSIĘGARNIA
www.naszaksiegarnia.pl

02-868 Warszawa, ul. Sarabandy 24c
tel. 22 643 93 89, 22 331 91 49, faks 22 643 70 28
e-mail: naszaksiegarnia@nk.com.pl

Dział Handlowy
tel. 22 331 91 55, tel./faks 22 643 64 42
Sprzedaż wysyłkowa: tel. 22 641 56 32
e-mail: sklep.wysylkowy@nk.com.pl   **www.nk.com.pl**

Książkę wydrukowano na papierze Claro Silk 130 g/m².

Redaktor prowadzący *Anna Garbal*
Opieka redakcyjna *Joanna Kończak*
Korekta *Malwina Łozińska, Jolanta Sztuczyńska*
Redaktor techniczny, DTP *Joanna Piotrowska*

ISBN 978-83-10-12160-8

PRINTED IN POLAND

Wydawnictwo „Nasza Księgarnia", Warszawa 2012 r.
Wydanie pierwsze
Druk: EDICA SA, Poznań